VENTE DU JEUDI 15 NOVEMBRE 1894

HOTEL DROUOT — SALLE Nº 8

A 3 heures précises.

MINIATURES

ANCIENNES

BOITES, TABATIÈRES

Ivoires, Buis, Objets divers

Mᵉ SANONER	M. E. GANDOUIN
COMMISSAIRE-PRISEUR	EXPERT
27, rue de Châteaudun.	31, rue des Saints-Pères.

Chez lesquels se distribue le Catalogue.

EXPOSITION AVANT LA VENTE

De 1 heure à 3 heures.

PARIS. — IMPRIMERIE CHAIX — 21920-10-94. — (Encre Lorilleux)

CONDITIONS DE LA VENTE

———

Elle sera faite au comptant.

Les acquéreurs paieront, en sus des adjudications, **cinq pour cent** *applicables aux frais.*

L'exposition mettant le public à même de se rendre compte de l'état des objets, il ne sera admis aucune réclamation, une fois l'adjudication prononcée.

DÉSIGNATION

MINIATURES

1 — Lebrun (Genre de Ch.). — *Ecce homo*, miniature sur vélin. — Cadre bois sculpté.

2 — Swebach. — Combat de cavalerie.

3 — École Française. — Portrait d'homme, époque Louis XIII.

4 — École Française. — Portrait d'homme, époque Louis XIII.

5 — École Française. — Émail bouquet de fleurs : Apollon poursuivant Daphné ; Vierge et enfant.

6 — École Française (époque de 1830). — Portrait de femme en costume d'homme.

7 — École Française. — Paysages. — Quatre gouaches diverses. (Sera divisé).

8 — NICOLLE. — Vue de la Pointe du Pausilippe et d'un faubourg de Naples. — Deux Aquarelles.

9 — Sous ce numéro, diverses Miniatures.

10 — SWEBACH (Genre de). — Campement cosaque. — Fixé.

11 — LAMBERT. — Cochons d'Inde. — Chats. Deux petites Peintures.

12 — MOITTE. — Couronnement de l'Amour, gravure. — Cadre en bronze.

13 — LONGRAIS. — Portrait d'enfant, époque Louis XVI.

14 — Époque Empire. — Portrait de femme. — Crayon.

15 — ÉCOLE FRANÇAISE (époque Louis XVI). — Portrait de femme coiffée d'un chapeau bleu.

16 — GAULT (J. de). — Marche d'enfants bacchants. — Grisaille.

17 — LEBRUN (D'après). — Tête de Vierge. — Mater Dolorosa.

18 — ÉCOLE FRANÇAISE (xviiie siècle). — Portrait de jeune femme.

19 — ÉCOLE FRANÇAISE (Premier Empire). — Portrait de femme.

20 — ÉCOLE FRANÇAISE (époque Louis XVI). — Portrait de femme.

21 — NICOLLE. — Vue du Forum romain. — Aquarelle.

22 — SINGRY. — Portrait de femme.

23 — GREUZE (École de). — Tête de jeune femme.

24 — ANONYME. — Portrait de Camille Desmoulins.

25 — FAISET. — Portrait de Guillotin. — Signé.

26 — ÉCOLE FRANÇAISE. — Portrait de femme. époque du Directoire.

27 — MALLET. — Scène d'intérieur. — Fixé.

28 — ÉCOLE FRANÇAISE. — Portrait du roi Louis XVI. — Cadre en bois sculpté.

29 — WATTELET. — Ruines de Pierrefonds. — Fixé.

30 — WEGLER. — Portrait de M. d'Angiviller. — Sur vélin.

31 — ÉCOLE FRANÇAISE. — Tombeau de Jean-Jacques Rousseau, à Ermenonville.

32 — ÉCOLE FRANÇAISE. — Paysages divers pour boîtes.

33 — WATTELET. — La Croix de Savoie. — Fixé.

34 — GUÉRIN. — Portrait de femme en bacchante.

35 — SICCARDI. — Portrait de femme.

36 — INCONNU. — Portrait de Barrère, conven-
tionnel.
37 — BORDIER. — Portrait d'un maréchal de
France. — Émail.
38 — ÉCOLE FRANÇAISE. — Nymphe. — Émail.
39 — Gravure encadrée.

BOITES ANCIENNES

40 — Boîte ronde en ivoire avec sujet sur
soie : Triomphe de l'Amour. — Époque
Louis XVI.
41 — Boîte ronde, écaille piquée d'or avec, fixé
sous verre, Port de mer, attribué à
Savignac. — Époque Louis XVI.
42 — Autre en écaille avec sujet en cire : Amour
couronnant des colombes.
43 — Ambre. — Boîte ronde, sur le couvercle
portrait en miniature. — Époque
Louis XVI. — Pièce rare.
44 — Ambre. — Boîte forme coquille, travail
époque Louis XVI.

45 — Boîte ovale avec sujets imprimés : Portrait de Marie-Antoinette et attributs de son mariage. — Pièce rare et très curieuse.

46 — Boîte ronde à double couvercle, peinte au vernis Martin. — Simulant un tambour. — Époque Louis XVI.

47 — Boîte ovale, pâte marbrée écaille et or, garniture en or ciselé, en règle, — Époque Louis XVI.

48 — Seizième siècle. — Petit Couteau.

49 — Époque du Premier Empire. — Boîte avec gravure coloriée.

50 — Boîte poudre d'écaille, piquetée d'or et d'acier avec sujet gravé, sous verre. — Époque Louis XVI.

51 — Boîte ronde, vernis de Brunswick, avec plan de Berlin en 1820.

52 — Boîte ronde au vernis avec sujet d'après Baudouin.

53 — Autre avec sujet appelé : *la Méprise.*

54 — Autre avec portrait du comte de Chambord.

55 — Autre avec portrait de la famille des Bourbons.

56 — Autre avec femme du canton de Berne.

57 — Autre avec portrait du comte de Chambord.

58 — Boîte en poudre d'écaille avec bas-relief en ivoire. — Époque Louis XIII. — Nymphe endormie surprise.

59 — Boîte au vernis de Martin, sujet de chasse. — Époque Louis XVI.

60 — Autre, de même époque, avec kiosque.

61 — Autre, écaille incrustée d'or et d'ivoire gravé.

62 — Autre, forme coquille, époque Louis XIV. écaille incrustée de nacre et or. — Hippomène et Attalante.

63 — Boîte ronde, vernis marbré avec bas-relief. — Offrande à l'Amour.

64 — Boîte ronde en cuivre, tabatière avec double fond. — Famille royale Louis XVI.

65 — Boîte ronde écaille, avec buste d'Hippocrate. — Lemaire, rue Richelieu.

66 — Boîte tricolore, époque de la première République, avec bas-relief. — Prise de la Bastille.

67 — Boîte ronde en étoffe brochée à fleurs et lamée d'argent.

68 — Boîte dite au petit chapeau.

69 — Belle boîte, écaille rectangulaire, époque Louis XV, avec ors incrustés à l'intérieur. — Miniature par Klingstedtt. — Fumeurs.

70 — Argent. — Boîte ronde ciselée ornée d'emblèmes relatifs à Napoléon Ier avec inscription. — Translation des restes mortels de l'Empereur Napoléon à l'Hôtel des Invalides, 15 décembre 1840.

71 — Boîte en ivoire, époque Louis XV, avec sujet : Serment d'amour.

72 — Boîte, époque Louis XVI. — Miniature cerclée or. — Enfants en grisaille.

73 — Boîte, même époque, ivoire avec broderie.

74 — Autre, de même époque, avec glaces décorées.

75 — Autre, avec paysage par BRUANDET.

76 — Autre, avec paysage maritime : Clair de lune, par Ch. HUE. — Gouache.

77 — Autre en buis avec dessin de PARIZEAU. — Scène d'intérieur.

78 — Boîte ronde en poudre d'écaille rehaussée d'or : l'Ascension de Charles et Robert aux Tuileries. — Époque Louis XVI.

79 — Époque Louis XVI. — Tabatière ronde, poudre d'écaille : Intérieur d'un palais.

80 — Époque Louis XVI. — Tabatière ronde, poudre d'écaille : les Deux Baisers, d'après DEBUCOURT.

81 — Autre, ronde, poudre d'écaille, ornée de fleurs.

82 — Autre en écaille, garnie en or.

83 — Autre en buis pressé : Bataille des Trois Empereurs.

84 — Époque Premier Empire. — Boîte carrée, cartonnage et bouquets fleurs artificielles.

85 — Autre, de même époque, avec aigle.

86 — Autre, de même époque. — Bouquet de roses.

87 — Autre, octogone, de même époque, avec gravure en couleur : Amour sortant d'une lettre.

88 — Autre, rectangulaire, avec gravure coloriée.

OBJETS DIVERS

89 — Talani. — Camée en agate à deux couches : Le Sommeil de l'Amour. — Signé. — Cadre en bronze doré, Premier Empire.

90 — Cuivre repoussé, xviie siècle. — Boîte à Hosties.

91 — Faïence de Nevers. — Tabatière, Grenouille, décor polychrome. — Fêlée.

92 — Galuchat, époque Louis XVI. — Deux Boîtes rondes pour miniatures.

93 — Bronze. — Sonnette ornée et surmontée du buste de Buridan.

94 — Bronze doré. — Sonnette avec ronde d'Amours et Zéphirs.

95 — Bronze. — Sonnette avec ornements gothiques.

96 — Bronze. — Sonnette, Napoléon entouré de son manteau.

97 — Bronze. — Sonnette, homme costumé en femme.

98 — Bronze. — Sonnette de l'époque gothique, xvᵉ siècle.

99 — Buis sculpté. — Râpe à tabac, datée 1731. — Singe faisant la barbe à un chat.

100 — Buis sculpté. — Râpe à tabac, époque Louis XIV. — Arabesques et devise.

101 — Époque Louis XIV. — Râpe en bois sculpté. — Ornements et Armes de France.

102 — École Française. — Ballon avec voiles, époque Louis XVI. — Cadre argent, strass et or.

103 — École Française (Premier Empire). — Portrait de femme, étui en galuchat

118 — Époque Louis XV. — Deux Poignées avec buste du roi. — Bronze doré.

119 — Époque Louis XVI. — Flacon en coco sculpté.

120 — Époque Empire. — Broche nacre avec le petit chapeau.

121 — Deux Gravures en couleur sur soie : l'Amant pressant et les Consolations de l'Amour.

122 — Cuivre gravé, époque Louis XV. — Intérieur de tabagie.

123 — Époque Louis XVI. — Vénus et l'Amour. — Émail.

124 — Bas-relief en cuivre doré et repoussé : Scène du Cirque Franconi, époque 1834.

125 — Autre, analogue au précédent.

126 — Deux Plats en cuivre repoussé. — Époque gothique.

127 — Rosset de Saint-Claude. — Bonaparte, premier Consul. — Bas-Relief marbre.

128 — Epoque Louis XVI. — Dessus de boîte avec personnages en paille de couleur.

129 — Époque du Premier Empire. — Portrait de Napoléon Ier. — Gravure en couleur.

130 — Médaillon, gravure en couleur : Henri IV et Sully.

131 — Objets divers. — Deux Émaux de bou-
tons. — Un profil de Napoléon Ier,
en stuc.

IVOIRES ANCIENS

132 — Râpe à tabac, époque Louis XV. —
Vénus à sa toilette.
133 — Autre, de l'époque Régence, représentant
Pomone.
134 — Autre, de l'époque Louis XV, avec sujet
Vénus et Amours.
135 — Dix Poignées, mains fermées. — Époque Louis XVI.
136 — Étui ajouré, époque Louis XVI. — Travail dieppois.
137 — Épingle de coiffure. — Époque Louis
XIV.
138 — Étui japonais. — Personnages guerriers.
139 — Attributs de la République. — Travail
de l'époque 1848.
140 — Époque de la Régence. — Portrait de
femme vue de profil. — Beau costume.

141 — Époque Louis XVI. — Voltaire vu en profil.

142 — Époque Louis XIV. — Petit bas-relief ovale : Faune et Bacchante endormie.

143 — Époque du xve siècle. — Volet de dyptique : Mort de la Vierge.

144 — Époque du xive siècle. — Volet de dyptique : La Crucifixion.

145 — Couteau du xvie siècle. — Manche avec tête turque.

146 — Art japonais. — Groupe de rochers avec squelette, etc., etc.

147 — Netsuké. — Personnage. — Couvercle de boîte et broche avec cerf.

148 — Cadre pour miniature.

149 — Deux Plaques sculptées à jour avec personnages peints. — Art chinois.

150 — Pelote à épingles. — Travail ancien aleppois.

151 — Boîte ronde, travail ajouré avec portrait de Marie-Antoinette. — Travail dieppois, époque Louis XVI.

PIPES ANCIENNES

152 — Pipe sculptée : le Galant Chasseur.

153 — Pipe sculptée, époque Louis XV, chargée d'ornements.

154 — Pipe en porcelaine anglaise. — Quatorze têtes sous le même chapeau. — Garnie en argent.

155 — Pipe en porcelaine, avec statuette de Napoléon Ier. — Garniture en argent.

156 — Pipe en terre émaillée. — Époque Louis XIII.

157 — Pipe en terre émaillée. — Napoléon III.

158 — Pipe en terre. — Robert-Macaire.

---

159 — Buis sculpté. — Poignée : Lion, Rinceaux et Armoiries. — xviiie siècle.

160 — Fer. — Heurtoir gothique.

161 — Vue de la Fontaine et du Marché des Innocents. — Cadre en bois sculpté.

162 — Sous ce numéro, Objets divers non catalogués.

PARIS. — IMPRIMERIE CHAIX. — 21918-10-94. — (Encre Lorilleux).